BEI GRIN MACHT SICH IHR WISSEN BEZAHLT

AF140801

- Wir veröffentlichen Ihre Hausarbeit,
  Bachelor- und Masterarbeit

- Ihr eigenes eBook und Buch -
  weltweit in allen wichtigen Shops

- Verdienen Sie an jedem Verkauf

Jetzt bei www.GRIN.com hochladen
und kostenlos publizieren

Bibliografische Information der Deutschen Nationalbibliothek:

Die Deutsche Bibliothek verzeichnet diese Publikation in der Deutschen National-
bibliografie; detaillierte bibliografische Daten sind im Internet über http://dnb.d-
nb.de/ abrufbar.

Impressum:

Copyright © 2014 GRIN Verlag
Druck und Bindung: Books on Demand GmbH, Norderstedt Germany
ISBN: 9783668236851

Dieses Buch bei GRIN:

https://www.grin.com/document/323762

Niklas Klausen

Freeskiing. Die Entwicklung einer Trendsportart zur anerkannten Sportart und olympischen Disziplin

Gibt es eine sportartübergreifende Entwicklung von Trendsportarten?

GRIN Verlag

GRIN - Your knowledge has value

Der GRIN Verlag publiziert seit 1998 wissenschaftliche Arbeiten von Studenten, Hochschullehrern und anderen Akademikern als eBook und gedrucktes Buch. Die Verlagswebsite www.grin.com ist die ideale Plattform zur Veröffentlichung von Hausarbeiten, Abschlussarbeiten, wissenschaftlichen Aufsätzen, Dissertationen und Fachbüchern.

Besuchen Sie uns im Internet:

http://www.grin.com/

http://www.facebook.com/grincom

http://www.twitter.com/grin_com

Inhaltsverzeichnis

1. Einführung und Leitfrage...1

2. Was ist Freeskiing?..2

    2.1. Definition: Trendsport...2

    2.2. Die Sportart Freeskiing..2

        2.2.1. Freeride...2

        2.2.2. Park'n'pipe...3

        2.2.3. Urban..4

3. Die Sportart Freeskiing...4

    3.1. Erste Schritte hin zum Freeskiing..4

    3.2. Ursprung des Freeskiing..6

    3.3. Weiterentwicklung...6

4. Schritt zu Olympia..10

    4.1. Olympia im Wandel?...10

    4.2. Wie wird eine Sportart olympisch?...11

    4.3. Teilnahme von Freeskiing an olympischen Winterspielen....................11

5. Die Sichtweise der Freeskier auf die FIS und Olympia.....................................13

6. Zukunftsprognose..14

7. Schlussbetrachtung..15

8. Literaturverzeichnis..17

1. Einführung und Leitfrage

Wir leben in einer „Erlebnisgesellschaft" (Tobias Geisler 2003, S.1), es geht heutzutage nicht mehr darum das Bekannte weiterzumachen, sondern etwas Neues zu entdecken beziehungsweise zu erfinden. Dieser Aspekt spielt auch beim Sport eine wesentliche Rolle. So entstehen neue Abzweigungen von bestehenden Sportarten oder es werden neue Sportarten erfunden. Insbesondere für Jugendliche sind diese Trendsportarten interessant, weil sie als „cool" gelten und ihnen durch kein striktes, auf Erfolg aufbauendes Training mit Trainern eine gewisse Freiheit bei der Ausübung des Sportes bleibt. Jemand, der früher Turner war oder es werden wollte, hat heute mehr Interesse am Parcour. Und nur Fahrrad zu fahren, ist den meisten Kindern zu unattraktiv, deshalb fahren sie kein Straßenrad, sondern lieber ein Mountainbike. Eine andere Besonderheit dieser Sportarten ist der gute Zusammenhalt. Innerhalb des Trends gibt es eine Gemeinschaft von Freunden, die sich mit ihrem Sport identifiziert.

Ich persönlich fahre seit neun Jahren Ski und bin vor drei Jahren vom alpinen Skifahren auf Freeski „umgestiegen". Seitdem beschäftige ich mich ausgiebig mit dieser Sportart und dem Lifestyle, der mit ihr verbunden ist (Hinweis auf David Köhle 2008). Freeskiing ist eine Trendsportart gewesen und hat sich in den letzten Jahren so enorm entwickelt, dass es in diesem Jahr bei den olympischen Winterspielen in Sotschi vertreten war.

Doch wie wird aus einem Trend eine etablierte Sportart oder sogar eine olympische Disziplin und welche Probleme können bei dieser Entwicklung auftreten? Diesen Fragen werde ich in meiner Seminararbeit am Beispiel des Freeskiings nachgehen und versuchen zu erklären, wieso sich das Freeskiing so schnell entwickelt hat.

Die Sportwissenschaftler Lamprecht und Stamm haben 2002 die allgemeine Entwicklung einer Trendsportart in fünf Schritte unterteilt:

- Invention
- Innovation
- Entfaltung und Wachstum
- Reife und Diffusion
- Sättigung

Auf diese Phasen werde ich an den entsprechenden Stellen der Arbeit eingehen.

2. Was ist Freeskiing?

2.1. Definition: Trendsport

Das Wort „Trend" kann in ganz verschiedenen Bereichen verwendet werden. Doch egal, ob Mode-, Freizeit- oder Wahltrend, der Trend beschreibt immer eine „Entwicklungsrichtung [...], die längerfristig und nachhaltig wirkt" (Dr. Annette Zwahr 2001, Band 23, S. 70).

Trendsportarten bezeichnen neue Bewegungspraktiken, die häufig auf einer etablierten Sportart aufbauen (vgl. J. Schwier 2011, S. 284). Meist verfolgt eine Trendsportart ein neues Ziel, wie die extremere, schwierigere oder gefährlichere Ausführung einer Bewegung. Ein weiteres Merkmal ist die stetig wachsende Popularität sowie die weniger formelle und unverbindliche Organisation (vgl. Dr. Peter Wastl k. A., Folie 9).

2.2. Die Sportart Freeskiing

Freeskiing (oder auch „newschool") allgemein ist eine bestimmte Art und Weise des Skifahrens, bei der der Spaß und die „Selbstverwirklichung des Protagonisten [durch die Ausführung verschiedener Tricks] im Vordergrund stehen" (Kreuzeder 2001, S. 135). Es wird oft mit dem Freestyle-Skiing verwechselt, einer im Vergleich zum Freeskiing stark reglementierten Sportart, bei der das Ziel eine exakte artistische Ausführung von ähnlichen Bewegungen ist, die an Turnen und Trampolinspringen erinnern.

Die Sportart „Freeskiing" untergliedert sich in:

1. Freeride
2. Park'n'Pipe
3. Urban

2.2.1.   Freeride

Das **Freeriden** (von engl. *„free"*-„frei" und *„ride"*-„fahren") beschreibt das Fahren im freien Skiraum, also abseits von präparierten Pisten (siehe Anhang: Foto Nr. 1). Es wird auch als Königsdisziplin des Freeskiings bezeichnet, da die Abfahrten oft steil und aufgrund vieler Felsen und Klippen (sog. Cliffs) sehr gefährlich sein können (vgl. David Köhle, S. 20). In Büchern wie „Freeski" von Xandi Kreuzeder wird deutlich, dass sich das Freeriden mit dem Park'n'Pipe in der Ausführung von Tricks über Schanzen oder Cliffs überschneidet.

Für das Fahren im freien Skiraum gibt es hauptsächlich drei Möglichkeiten, die von Freeridern genutzt werden, um auf den Berg zu gelangen:

- Liftanlagen (nur selten in geeignetem Gelände vorhanden)

- Tourengehen (der Berg wird zu Fuß beziehungsweise auf Skiern bestiegen)

- Heliskiing (hier werden die Sportler mit einem Helikopter auf den Berg geflogen)

2.2.2.   Park'n'pipe

Beim **Park'n'Pipe** [dt. Park (hier: Funpark) und Half-Pipe] geht es darum, möglichst spektakuläre, kreative und schwierige Tricks über und auf verschiedenen Hindernissen (sog. Obstacles) zu absolvieren. Die Sportler fahren dabei mit speziellen Freestyle-Ski durch einen sogenannten „Park", in dem verschiedene künstlich gebaute Obstacles zu finden sind. Dazu gehören unter anderem Schanzen („Kicker") und Geländer („Rails") sowie in großen Skigebieten meist auch eine Half-Pipe (halbe Röhre, in der auf beiden Seiten der Wölbung Sprünge durchgeführt werden können, siehe Anhang: Foto Nr. 2). In Österreich gab es 2013 bereits 75 Funparks (vgl. Internetquelle Nr. 11), Tendenz steigend. Viele weitere Orte versuchen, in den nächsten Jahren auf Grund der großen Nachfrage ihr Gebiet mit einem Park zu erweitern (vgl. David Köhle 2008, S. 20 f).

Da sich immer mehr neue Bewegungsmuster entwickeln, ist der Anzahl verschiedener Tricks beinahe keine Grenze gesetzt. Besonders bei großen Sprüngen über Kicker greift der Fahrer oftmals in der Luft an eine bestimmte Stelle des Skis („Grab"). Außerdem kann durch verschiedene Drehungen („Spins") und Salti („Flips") oder eine rückwärtige Anfahrt („Switch") ein höherer Schwierigkeitsgrad erreicht werden (siehe Anhang: Foto Nr.3). Durch diese diversen Möglichkeiten an Bewegungen entstehen dann Tricks wie der folgende (siehe Anhang: Video Nr. 1):

Trick: „Double Cork Leftside 1280 Tail-Grab"

Erklärung: Bei diesem Trick springt der Fahrer vorwärts ab („Frontside") und dreht sich in der Luft dreieinhalb Mal (1280°) linksherum um die eigene Achse („Leftside"). Während dieses „Spins" führt er zwei Drehungen über den Kopf durch („Cork") und greift einen Ski am Ende („Tail-Grab"). Somit landet er schließlich rückwärts („Switch").

Doch auch auf Geländern oder anderen Obstacles werden viele komplexe Tricks durchgeführt. Beim sogenannten „Jibben" geht es nicht darum, sehr waghalsige und spektakuläre Tricks durchzuführen, sondern den Trick möglichst lässig („stylisch") und cool aussehen zu lassen.

2.2.3.　Urban

Das **Urban**-Skiing entspringt dem Park'n'Pipe und beschreibt das Ausführen von Tricks im „urbanen" [dt. (inner-)städtischen] Raum. Hierbei stehen vor allem die Kreativität bei der Suche nach Obstacles an einem möglichst besonderen Ort („Spot") sowie die lässig aussehende Ausführung der Tricks eine entscheidende Rolle. Generell kann das Urban-Skiing auch als „Jibben" in der Stadt bezeichnet werden. Wie beim Park'n'Pipe fahren die Sportler auf speziellen Ski, die auf beiden Seiten hochgebogen sind, um das Vorwärts- und Rückwärtsfahren zu ermöglichen („Twin-Tip"). Um einen Spot befahrbar zu machen, nutzen die Fahrer oft ein Bungee-Seil oder einen Seilzug, um genug Schwung für die Ausführung des Tricks zu haben. (siehe Anlage: Foto Nr. 4)

3. Die Sportart Freeskiing

3.1. Erste Schritte hin zum Freeskiing

Die Wurzeln des Skisports sind in Skandinavien im Anfang des 19. Jahrhundert zu finden. Nachdem der Ski zunächst lediglich als Fortbewegungsmittel genutzt wurde, entwickelte sich das Skifahren ab 1880 zum „Fun-" und Freizeitsport (Xandi Kreuzeder 2001, S. 135). In diesen Jahren kam die Sportart auch in die Alpen. Wenn auch ohne Lifte und präparierte Pisten, verbreitete sich das Skifahren schlagartig, sodass sich erste Skiclubs bildeten, wie z.B. 1890 der Skiclub München (vgl. Prof. Dr. Jürgen Beckmann 2007, S.29).

Schon zu dieser Zeit lassen sich Merkmale des Freeskiings wiederfinden, denn das Fahren im freien Skiraum kann man als Startschuss für das heutige Freeriden deuten (vgl. Xandi Kreuzeder 2001, S. 136).

Kurze Zeit später entsteht in den Alpen eine ganz neue Art des Skifahrens, der sogenannte Skikunstlauf. Bei dieser Form des Skifahrens wurden auf Skiern Walzerdrehungen, Stocküberschläge und auch die ersten Saltis durchgeführt. Als Erfinder dieses Stils wird der norwegische Skipionier Mathias Zdasky gehalten, der unter anderem auch als Mitbegründer der damaligen Abfahrtstechnik gilt und die erste funktionsfähige Bindung auf einem Ski gebaut haben soll (vgl. Internetquelle Nr. 8). Der Grundstein für das heutige Freestyle-Skiing wurde somit 1905 in Europa gelegt. Diese Zeit lässt sich als Phase der Invention einordnen, da diese nach Lamprecht und Stamm die Entdeckung oder Erfindungen einer neuen Bewegungsform beschreibt (vgl. Schwier, Prof. Dr. Jürgen 2011, S. 187).

In den nächsten Jahren versuchten sich viele Sportler im Skikunstlaufen. Es entwickelte sich ein richtiger Trend. Dennoch spielten der Skikunstlauf, wie auch der alpine Rennlauf bei den ersten olympischen Winterspielen in Chamonix (Frankreich) 1924 keine Rolle. Zu der Zeit hatten sich nur die nordischen Disziplinen etabliert: Es gab lediglich zwei Langlaufdisziplinen, eine Skisprungdisziplin und die nordische Kombination (vgl. Prof. Dr. Jürgen Beckmann 2007, S.20).

Bei den IV. Olympischen Winterspielen 1936 in Garmisch-Patenkirchen (Deutschland) hatte der alpine Skirennlauf sein Debut, wohingegen der Skikunstlauf auf Grund mangelnder Aufmerksamkeit von der Bildfläche verschwand (vgl. Internetquelle Nr. 8).

In den Jahren um 1950 veränderte sich vieles im Skisport. Das Material hatte sich grundlegend verbessert, da nun auch Kunststoffe für die Ski und die Schuhe verwendet wurden. Außerdem gab es die ersten Ski mit Taillierung, welche eine dynamischere, schnellere sowie kontrolliertere Kurvenbewegung ermöglichten (vgl. Klaus Polzer 2001 in: Freeski von Xandi Kreuzeder. S. 141; vgl. Internetquelle Nr. 10). Unter anderem durch diese Weiterentwicklungen kam es ab 1950 in Nordamerika zum Comeback des Freestyle-Skiings. Einwanderer aus Europa brachten den Skikunstlauf nach Nord-Amerika, wo die Sportler vom Stil der Europäer angetan waren. Schon kurz darauf gab es in Amerika Freestyle-Shows und erste Wettbewerbe mit einem festgelegten Regelwerk wurden veranstaltet (vgl. Internetquelle Nr. 8).

Knapp 20 Jahre nach der Wiederkehr des Freestyle-Skiings wurden 1971 die ersten inoffiziellen Weltmeisterschaften des Skikunstlaufes in Colorado (USA) veranstaltet (vgl. Internetquelle Nr. 8). Doch auch in Europa wurde der Freestyle wieder beliebter, sodass dort ebenfalls Wettbewerbe stattfanden und 1973 der erste Skikunstlauf-Verband in der Schweiz durch Arthur Farrer gegründet wurde (vgl. Markus Beckedahl 2013, S. 6 f). In den folgenden Jahren wurden nach und nach immer mehr Wett-bewerbe, wie zum Beispiel der erste Europacup, durchgeführt. Die Sportart wurde so beliebt, dass sie 1978 vom DSV (Deutscher Skiverband e.V.) und der FIS (Fédération Internationale de Ski) anerkannt wurde und somit auch die Möglichkeit bestand, in das olympische Programm aufgenommen zu werden. In Zusammenarbeit mit der FIS wurde 1981 der erste Weltcup im Freestyle-Skiing durchgeführt (vgl. Markus Beckedahl 2013, S. 7 f) und 1992 mit der Buckelpiste die erste Freestyle-Disziplin olympisch (vgl. Internetquelle Nr. 8). Bei dieser Disziplin geht es darum, möglichst technisch korrekt und schnell eine präparierte Buckelpiste herunter zu fahren. Zwei Jahre später wurde auch das Skikunstspringen („Aerials") olympisch. Ähnlich wie beim Kunstturnen ist das Ziel hier die elegante Ausführung möglichst schwieriger Tricks während eines großen Sprunges über einen Kicker.

Diese beiden Disziplinen vertreten bis heute gemeinsam mit dem Ski-Cross (Wettrennen zwischen vier Fahrern durch einen Parcour), welches seit 2006 vom IOC anerkannt wurde, die Sportart Freestyle-Skiing bei Olympia (siehe Anhang: Tabelle).

3.2. Ursprung des Freeskiing

Als das Freestyle-Skiing in den 80er Jahren verschiedenen Verbänden beitrat und diese ein über hundertseitiges Reglement festlegten (vgl. Markus Beckedahl 2013, S. 8), beschlossen besonders die jungen Freestyle-Fahrer aus Amerika, sich von ihrem Skiverband und somit auch dessen Regeln zu trennen, da sie bemerkten, dass sich ihr Sport in eine aus ihrer Sicht falsche Richtung entwickelte. Es bildete sich eine Szene, die sich dazu entschloss ihren eigenen Stil des Skifahrens zu leben, der durch „eigene alternative Bewegungsstile, Verhaltensweisen und Sport- bzw. Wettkampf-einstellungen" (Internetquelle Nr. 2, S. 46 ff) geprägt ist. Diese Phase wird als Innovation bezeichnet, da es eine „inhaltliche Offenheit" (Schwier, Prof. Dr. Jürgen 2011, S.187) in Bezug auf Neues gibt und sich eine Grundrichtung bildet (vgl. Lamprecht und Stamm 2002).

Nachdem sich Sportler wie CR Johnsson, Mike Douglas und JP Auclair von dem „Regelwerk der FIS gelöst [hatten]" (Internetquelle Nr. 10), entwickelten sie ein anderes Verständnis von „Free" als es das Freestyle-Skiing mit all seinen Regeln tat. Klaus Polzer, der Chefredakteur des Freeski-Magazins Downdays beschreibt Freeskiing als „Skifahren ohne Konventionen" (in: Freeski 2001. S. 135). Es geht also darum, dem Skifahren mit „Do's und Don'ts zu entkommen" (Ahmet Dadali 2013 in: Skiing Magazin Nr. 69, S. 75). Sportler wie Mike Douglas und JP Auclair legen keinen Wert darauf, möglichst erfolgreich zu sein, sondern einfach das zu tun, was sie lieben (vgl. Klaus Polzer 2013, S. 22). Diese Gruppe, die sich vom Freestyle-Skiing abgegrenzt hat, wird auch „Core-Szene" genannt und steht heute für die Sportler, welche vom Ursprungs-gedanken der Sportart geprägt sind.

3.3. Weiterentwicklung

In den Jahren um 1990 gewann das Snowboarding (kurz: Boarden) stark an Popularität, da es sich sehr schnell entwickelte und einen neuen Fahrstil in den alpinen Wintersport brachte. Die Snowboarder haben von Anfang an den Stil des Skateboardings übernommen, was bedeutet, dass es beim Boarden nicht unbedingt um Schnelligkeit ging, sondern um den Fahrstil und die Ausführung von Tricks während des Fahrens. Snowboarding galt unter Jugendlichen von vornherein als „coole" , also angesagte Sportart.

Als die Freeskier ihre ersten Spins und Grabs über Cliffs und Kicker mit Fotos und Freeski-Filmen dokumentierten, bekam Freeskiing zunehmend größeres Medien-

6

interesse und entwickelte sich zu einem Trend, dem immer mehr Jugendliche auf der ganzen Welt folgten. Auf Grund dieser Entwicklung fanden ab 1991 die ersten Freeski-Wettbewerbe in Frankreich und den USA statt.

Trotz alledem gewann das Snowboarding so stark an Marktanteilen, dass die Skiindustrie große Einbußen beim Verkauf von Abfahrtsski verzeichnen musste (vgl. Internetquelle Nr. 2). Doch die Core-Szene interessierte das herzlich wenig. Sie wollten nicht länger zu den Boardern hochsehen und sie beim Rutschen („sliden") über Geländer beobachten. Durch die Snowboarder haben die Freeskier die Möglichkeiten erkannt, was alles im Schnee und auf (künstlichen) Obstacles möglich ist. Schon kurze Zeit später konnten die Sportler um JP Auclair und Tanner Hall genauso gut sliden wie die Boarder und entwickelten eigene Tricks und Styles basierend auf denen des Snowboardings.

Das Park'n'pipe-Skiing war geboren und mit ihm auch die von etablierten Freeskiern gegründete „International Free Skiers Association" (ISFA), die dem Zweck dienen sollte, die Sportler und somit auch die Sportart den Medien und der Industrie gegen-über geschlossen zu vertreten (vgl. Internetquelle Nr. 2).

Das Material war der einzige deutliche Nachteil gegenüber dem Snowboarding. Während die Snowboards fast ausschließlich als „Freestyle-Version" (Board mit hoch-gebogenen „Tip" und „Tail") produziert wurden, gab es für Freeskier keinen speziellen („Trick-")Ski. Deshalb war es für Freeskier noch nicht möglich, switch zu fahren.

Das änderte sich, als sich ein führender Skihersteller 1998 nach der Veröffentlichung des erfolgreichen Freeski-Films „State of Mind" von „Poorboyz Productions" dazu entschied, einen nur für Freeskier ausgelegten Ski zu bauen (vgl. Internetquelle Nr. 12). Der „Teneighty" von Salomon war der erste Ski, welcher auf beiden Seiten (Tip und Tail) hochgebogen war und somit das rückwärtige Fahren und Landen ermöglichte. Nur kurze Zeit später entschied sich auch Jason Levinthal, der seit 1995 seine „Selfmade-Ski" unter der Marke „Line Skis" verkaufte, dazu Freeski herzustellen, die auf beiden Seiten symmetrisch sind (vgl. Internetquelle Nr. 14).

Dieser Abschnitt beschreibt die dritte Phase der Entwicklung einer Trendsportart, nämlich die Entfaltung der Sportart durch Medien und Industrie sowie die Erschließung von Nischenmärkten (Lamprecht und Stamm 2002).

Ab diesem Meilenstein in seiner Geschichte entwickelte sich Freeskiing von Jahr zu Jahr rasant weiter. Die erste Ausgabe des „Freeskier Magazin[s]" von „Storm Mountain Publishing" wurde ebenfalls noch 1995 veröffentlicht. Im Jahr 1998 fanden die ersten offiziellen und vom Freeski Magazin gesponsorten „US Freeskiing Open" in Vail statt.

Bei diesem Contest gab es einen „Big-Air"- (ein großer Kicker, über den gesprungen wird) und einen Slopestyle-Wettbewerb (hierbei durchfahren die Sportler einen Parkour mit drei Kickern und zwei „Jib-Sections", u.a. mit Rails und werden von einer Jury nach ihrem Style, der Schwierigkeit und ihrer Kreativität bewertet).

Während der große „Hype" um das Snowboarding langsam wieder zurück ging, wurden Freeski-Wettbewerbe immer häufiger auch in Europa durchgeführt, z.b. auf großen Actionsport-Events wie den „X-Games" 1998 in Aspen und später auch in Tignes (vgl. David Köhle 2008, S. 19).

Insbesondere durch die Verbreitung von Freeski-Filmen wie „13" von Poorboyz Productions wurde eine große Anzahl von Jugendlichen auf die Trendsportart aufmerksam, sie bildeten eigene „Shred-Crews" (hier: Gruppe von Skifahrern, die zusammen fahren) und wurden dazu motiviert, eigene kleine Filme zu drehen. Man kann sagen, dass durch die Filme und Magazine die Intention der Sportart weitergegeben wurde und Freeskiing nicht mehr nur den Sport an sich, sondern einen Lifestyle darstellte. Dieser wird vor allem von Sportlern wie Tanner Hall geprägt, indem sie, ähnlich wie die Boarder, sehr lange Kleidung tragen und generell in allen Bereichen des Lebens großen Wert auf ein lässiges Auftreten und viel Spaß, auch ohne Luxus, legen.

Ein für die weitere Entwicklung des Freeskiings sehr bedeutendes Ereignis war 1999 die Eröffnung von der Internet-Community „newschoolers.com", die bis heute das beliebteste Forum von Freeskiern für Freeskier ist. Besonders durch diese Website, eigene Videoplattformen und später Apps wie „mpora.com", „zapiks" und „vimeo" verbreiteten sich die neusten Tricks und Styles schnell zu jedem Freeskier der Welt. Dies ist auch der Grund dafür, dass sich Freeskiing in Nord-Amerika und Europa beinahe gleich entwickelt hat.

Nun erkannten auch Werbe- und Marketingstrategen die Attraktivität der neuen Sportart und entschieden sich dazu, unterschiedlichste Werbekampagnen zu starten, in denen Freeskiing anhand von Videos oder Bildern dem Zuschauer ein bestimmtes Image von Freiheit, Aktion und Spaß vermitteln sollte (Bsp. Smirnhoff Ice Vodka 2002 und Ing DiBa 2003, vgl. Internetquelle Nr. 2; Audi Quattro Kampagne 2014 Internetquelle Nr. 16, Anhang: Video Nr. 2).

Ab 2000 erkannte auch die Skiindustrie das Potential des Freeskiings, so dass beinahe jeder große Skihersteller einige Freeski-Modelle und zum Teil auch spezielle Freeski-Kleidung in sein Sortiment aufnahm. Da die meisten Freeskier den Kauf von Kleidung und Skiern bei einer rein kommerziell ausgerichteten Firma ablehnten, entschieden sich 2002 die „Freeski-Pros" (Fahrer, welche hauptberuflich Freeski fahren) Tanner Hall, JP Auclair und CF Cusson dazu, die erste „independent and riders-owned ski company" [dt. unabhängige Firma, die im Besitz von Freeskiern ist] (Internetquelle Nr. 12; Internetquelle Nr. 17) zu gründen. Ihr Ski- und Kleidungshersteller „Armada Skis" ist bis heute der beliebteste Freeski-Hersteller unter Freeskiern (vgl. Internetquelle Nr. 18). Im selben Jahr wurde auch das Material des Freeriden durch Shane McConkey revolutioniert, der als erster auf die Idee kam, mit einem breiteren „Freeride-Ski" durch den Tiefschnee zu fahren, um mehr Auftrieb zu erziehlen.

Zu dieser Zeit ist Freeskiing zu einem Breitensport mit stark ansteigender Popularität geworden und befindet sich nach dem Schema von Lamprecht und Stamm in der vierten Phase, der Reife und Diffusion (Prof. Dr. Jürgen Schwier 2011, S. 284).

Immer mehr Slopestyle-, Halfpipe- und Big Air-Contests wurden veranstaltet, sodass auch die FIS auf den Sport aufmerksam wurde und 2005 den ersten FIS-Wettbewerb im Halfpipe durchführte. Auf Grund der in Kapitel 5 erläuterten Diskussion über Freeskiing und Verbände wurden ab demselben Jahr sogenannte „Invitationals" von Freeski-Pros durchgeführt (vgl. Internetquelle Nr. 12). Bei einem Invitational gibt es meist keinen Wettbewerb, es ist eher eine „Session" (Fahren ohne Jury, es geht mehr um den Spaß mit den anderen „Homies") verschiedener Fahrer, die von dem Veranstalter eingeladen wurden. Ähnlich wie im Downdays Story Book 2013 auf Seite 22 erklärt, kann es bei Freeskiern vorkommen, dass sie spontan aus einem eigentlich geplantem Wettbewerb eine Session machen, da sie gar nicht auf das Siegen aus sind, sondern einfach Spaß haben wollen. Klaus Polzer beschreibt dieses Verhalten folgendermaßen: „Die Freeski-Szene feiert sich [...] selbst und lässt sich dabei auch von Zwängen nicht aus dem Tritt bringen, [...]". Dieses Beispiel ist bezeichnend für den Freeski-Lifestyle. Neben den Invitationals gab es noch andere, unabhängige Contests wie das „Frostgun", bei denen es im Gegensatz zu den meisten Invitationals ein „Ranking-System" (Bewertungs-System) gibt, welches jedoch sehr auf den Style des Fahrers fokussiert ist. Bei Wettbewerben der FIS hingegen sind die saubere Ausführung der Tricks sowie die Schwierigkeit am wichtigsten.

Da viele verschiedene Arten von Wettbewerben entstanden sind, wurde 2007 die Association of Freeskiing Professionals (AFP) gegründet. Die Funktion der AFP besteht darin, ein gesamtes Ranking für alle Wettbewerbe aufzustellen, ohne das Bewertungssystem der einzelnen Wettbewerbe zu verändern. Außerdem sollte die AFP, ähnlich wie die ISFA, die jedoch aus verschiedenen Gründen keine Rolle mehr spielte, für alle Freeskier im Hinblick auf Olympia eine gemeinsame Stimme vertreten (vgl. Internetquelle Nr. 13).

Ein Jahr später entstand ein neues großes Action-Sportevent, die „Dew-Tour" mit Slopestyle, Big Air und Halfpipe. Das Event ist vergleichbar mit den X-Games und steht in jedem Terminkalender der Freeski-Pros.

Über die ganzen Jahre hat sich die Sportart Freeskiing durch den Austausch von Bild- und Filmmaterial über das Internet immer weiter verbreitet und jedem den einfachen und schnellen Zugriff und Einstieg in die Welt des Freeskiing ermöglicht. Außerdem haben die meisten Skigebiete erkannt, dass sich ein Park rentiert, da das Interesse an dem Sport sehr groß ist und weiter wächst.

4. Schritt zu Olympia

4.1. Olympia im Wandel?

Die olympischen (Winter-)Spiele sind ohne Zweifel das wichtigste und größte Sport- ereignis der Welt. Bei keinem anderen Wettbewerb tritt eine so große Anzahl von Athleten aus der ganzen Welt in 300 Disziplinen bei den Sommerspielen und 98 Disziplinen bei den Winterspielen gegeneinander an (vgl. Internetquelle Nr. 6).

Der Franzose Coubertin hat vor fast 120 Jahren die Idee der antiken olympischen Spiele wieder aufgenommen und die olympischen Spiele der Neuzeit eingeführt. Wie der Name „Die olympischen Spiele der Neuzeit" bereits aussagt, soll es bei diesen Spielen um Sportarten und Disziplinen der Gegenwart gehen. Doch wann ist eine „Neuzeit" noch neu?

Wenn wir heutzutage die Sportarten und Disziplinen der ersten olympischen Spiele (der Neuzeit) in Athen betrachten, fällt auf, dass sich in den letzten 120 Jahren einiges verändert hat und auch weiterhin verändert. Genauso geht es auch den olympischen Winterspielen, die seit 1924 ausgetragen werden. Ab der ersten Winterolympiade in Chamonix (Frankreich) werden die Disziplinen stetig erweitert. Es geht sogar soweit, dass seit der Olympiade 1994 in Lillehammer (Norwegen) bis zur diesjährigen Olympiade in Sotschi (Russland) insgesamt weitere 37 Disziplinen in das olympische Programm aufgenommen worden sind. Somit wurden bei der Olympiade in Sotschi insgesamt 98 Wettbewerbe durchgeführt.

Doch es sind nicht immer neue Sportarten, die in das Programm aufgenommen werden. Immer öfter bilden sich innerhalb einer Sportart neue Disziplinen, wie zum Beispiel das Ski-Cross beim Freestyle-Skiing oder die Team-Staffel-Rennen beim Rodeln. Das liegt daran, dass sich der Zuschauer nicht mehr nur mit den normalen

Disziplinen zufrieden gibt, sondern etwas Neues sehen möchte, etwas Spannenderes oder Extremeres. Genau auf diese Erwartungen reagiert das IOC alle vier Jahre erneut und entscheidet unter anderem unter Berücksichtigung dieses Aspekts über die Aufnahme neuer Disziplinen.

Somit lässt sich feststellen, dass es einen beständigen Wandel bei Olympia gibt, denn nur durch die kontinuierliche Aufnahme von neuen, populären Disziplinen (wie Freeskiing, Snowboarding, Mixed-Staffel Biathlon etc.) kann Olympia so erfolgreich und öffentlichkeitswirksam bleiben, wie es ist.

4.2. Wie wird eine Sportart olympisch?

Um eine Sportart der olympischen Winterspiele zu werden, muss eine Sportart beziehungsweise eine Disziplin laut dem IOC (International Olympic Comitee) bestimmte Kriterien erfüllen:

„Eine Sportart ist nur olympiafähig, wenn ihr Verband vom IOC anerkannt ist." (Internetquelle Nr. 1). Ein weiteres Kriterium ist der Bekanntheitsgrad sowie die Anzahl der Aktiven einer Sportart. Laut dem IOC muss die Sportart in mehr als 24 Ländern und auf mindestens drei Kontinenten verbreitet sein, um eine olympische Disziplin für die Winterspiele zu werden. Dabei gibt es keine Unterschiede zwischen einer Herren- oder Frauendisziplin (vgl. Internetquelle Nr. 1, S. 7; vgl. Internetquelle Nr. 7; vgl. Mark von Roy, Downdays Freeski Journal 2013, S. 24).

Sind die genannten Kriterien erfüllt, stellt der Sportverband einen Antrag an den IOC. Das IOC berät sich daraufhin und entscheidet über die Aufnahme oder die Ablehnung der vorgeschlagenen Disziplin / Sportart.

4.3. Teilnahme von Freeskiing an olympischen Winterspielen

Vor den Winterspielen in Vancouver (Kanada) 2010 gab es den ersten Versuch, Freeskiing in die olympischen Wettkämpfe aufzunehmen. Dieser Versuch scheiterte jedoch, obwohl das Snowboarding schon 2006 mit der Disziplin „Halfpipe" in das olympische Programm aufgenommen wurde. Somit gab es für das Freeskiing erst 2014 wieder die Chance, mit der „Cousin"-Sportart (Mark von Roy, Downdays Freeski Journal 2013, S. 24) Snowboarding gleich zu ziehen. Doch auch der Schritt zu den Spielen 2014 in Sotschi (Russland) erwies sich als schwierig, denn die Sportart musste erst vom IOC, dem „Türsteher der olympischen Spiele" (Mark von Roy, Downdays

Freeski Journal 2013, S. 24), zugelassen werden. Viele Sportler und Interessierte fragten sich, wieso man es 2014 abermals versuchen wolle, "am IOC vorbei-zukommen" (vgl. Mark von Roy, Downdays Freeski Journal 2013, S. 24). Die Kriterien (siehe Kapitel 4.2.) hatten sich keineswegs geändert, sondern waren sogar umfas-sender geworden. Trotz der Kritik gegen den Eintritt in Verbände, die es schon vor dem Versuch 2010 gab (siehe Kapitel 5), wurde dem IOC zum wiederholten Mal ein Antrag für die Aufnahme von Freeskiing zu den olympischen Spielen vorgelegt. Dieses Mal erstaunlicherweise mit Erfolg: Freeskiing ist ab 2014 in Sotschi mit den Disziplinen Slopestyle sowie Halfpipe in der Sportart Freestyle-Skiing bei den olympischen Winter-spielen vertreten (siehe Anhang: Tabelle).

Diese Entscheidung lässt sich vermutlich damit begründen, dass das Interesse an extremen Sportarten stetig wächst und jedes Jahr neue, immer beliebter werdende Extremsport-Events wie z. B. die „X-Games" stattfinden. Somit ist die Aufnahme von „jungen" Sportarten wie dem Snowboarding und dem Freeskiing eine Reaktion des IOCs auf den zurzeit stattfindenden Wandel in der Sportszene (vgl. Klaus Polzer und Mark von Roy, Downdays Freeski Journal 2013, S. 20-24). Rückblickend auf die Teil-nahme der neuen Freestyle-Skiing Disziplinen lässt sich sagen, dass die Wettkämpfe in Sotschi ohne große Probleme vollzogen werden konnten. Trotz der anfangs nicht optimalen Schneebedingungen gerade im Slopestyle hat jeder Fahrer die Möglichkeit gehabt, sein Können zu zeigen. Und obwohl es bei Olympia striktere Regeln gibt als bei vergleichbaren Wettbewerben wie zum Beispiel bei der „Dew Tour", haben sich die meisten Sportler damit abgefunden, auch wenn manche Sportler wie Luggi Brucic und Ahmet Dadali die Teilnahme an den Wettbewerben verweigerten (Luggi Brucic 2013 in: Skiing Magazin Nr. 67, S. 32; Ahmet Dadali 2013 in: Skiing Magazin Nr. 69, S. 75).

Als erste Freeski-Olympiasiegerin wurde am 11. Februar 2014 Dara Howell im Slope-style der Frauen mit einem Ergebnis („Score") von 88.00 gekürt. Erster Freeski-Olympiasieger wurde zwei Tage später ebenfalls im Slopestyle Joss Christensen mit einem Score von 95.80. In der Halfpipe gewann David Wise bei den Herren mit 92.00 und Maddie Bowman mit 89.00 (vgl. Internetquelle Nr. 8). Insgesamt sind die Freeskier ihrem Stil auch bei Olympia durch „oversized" [engl. „übergroße"] Kleidung (Bsp. Henrik Harlaut in: Internetquelle Nr. 15), ein fröhliches Auftreten mit der „branchen-üblichen coolness" (Neudecker, Michael 2014) auch bei Unzufriedenheit mit den eigenen Ergebnissen (Bsp. Lisa Zimmermann in: Neudecker, Michael 2014), Faxen in die Kameras und dem gemeinsamen Feiern des Siegers, treu geblieben.

5. Die Sichtweise der Freeskier auf die FIS und Olympia

In der Freeski-Fachzeitschrift „Skiing" wird in fast jeder Ausgabe eine Frage gestellt, zu der sich jeweils zwei Freeskier nach dem Motto: „Zwei Stühle – oder doch eine Bank" äußern können. In dieser Rubrik „Die Gedanken sind frei" werden dabei beide Teilnehmer interviewt (vgl. Roman Lachner 2013. Ausgabe: Nr. 67, S. 32; Nr. 69, S. 42; Nr, 71. S. 44).

„FIS oder stirb!" lautete das Thema in der Ausgabe Nr. 67. Es ging um die Frage, ob die FIS (Fédération Internationale de Ski) die Sportart Freeskiing zu sehr beherrschen würde und ob Freeskiing sich, gerade in Hinblick auf Olympia, richtig oder falsch entwickelt habe. Um Antworten auf diese Fragen zu finden, wurden der deutsche Freeskier Thomas Hlawitschka und der Österreicher Luggi Brucic eingeladen. Beide sind bei der Olympiade in Sotschi als Trainer ihrer nationalen Freeski-Teams tätig.

Auf der einen Seite sind sich beide einig, dass Olympia eine große Chance für den Sport sei und dadurch viele Leute auf den Sport aufmerksam gemacht werden würden, wodurch der Sport weiter an Popularität gewinnen könnte. Auf der anderen Seite sehen sie das Problem, dass „die Seele des Sports" (Thomas Hlawitschka 2013 in: Skiing Magazin Nr. 67, S. 32) auch bei Contests erhalten bleiben müsse. Brucic betont dabei, dass er persönlich keine „FIS Contests" fährt, da diese nicht zu seiner „Auffassung von Freeskiing passen" (Luggi Brucic 2013 in: Skiing Magazin Nr. 67, S. 32). Auf die Frage, wie Hlawitschkas Prognose für Sotschi sei, sagt er: „Dabei sein ist alles und Freeski bei Olympia [...] als anerkannte Sportart [zu] repräsentieren, ohne unsere Werte zu vergessen, nämlich die Lockerheit und die nötige Disziplin". Diese Antwort spiegelt schlussendlich die Sicht der meisten Sportler in Bezug auf Olympia wieder, auch wenn es Freeskier wie Ahmet Dadali gibt, die wegen Olympia „große Bedenken" (Ahmet Dadali 2013 in: Skiing Magazin Nr. 69, S. 75) haben.

Ahmet Dadali ist einer der bekanntesten Urban-Skier und ein bekennender Gegner der FIS. Er bedauert es, dass ein Fahrer heutzutage, um an einem Contest der FIS teilnehmen zu können, ein Mitglied eines Skiverbandes sein müsse. Und um dieses werden zu können, brauche man ein gutes Budget und einen Coach. Dies „passt nicht zu [s]einer Auffassung von 'freiem' Skifahren" (Ahmet Dadali 2013 in: Skiing Magazin Nr. 69, S. 75). Während ein Profi heute mit seinen Coaches auf dem Berg trainiert, meint Dadali, dass Freeskiing bedeutet, mit seinen „Homies" (hier: Freunden) auf dem Berg Spaß zu haben. Nach Dadali geht es der FIS nur um den Gewinn, den sie durch Freeskiing erwirtschaften kann (vgl. Ahmet Dadali 2013 in: Skiing Magazin Nr. 69,

S. 75 ff). Folgendes Zitat bringt seine Betrachtungsweise deutlich auf den Punkt:

„Zu viele Regeln für einen Sport, der nur wenige – wenn nicht gar keine braucht!"
- Ahmet Dadali 2013 in: Skiing Magazin Nr. 69, S. 75

Der einzige männliche deutsche Freeskier bei den olympischen Winterspielen in Sotschi war der ehemalige deutsche Freeski-Meister Bene Mayr. Rückblickend auf Olympia meint er, dass die Contests durch die FIS und Olympia viel ernster geworden seien, da nun auch Coaches und Betreuer am Start stünden. Der Sport sei dadurch zwar professioneller geworden, habe jedoch auch dem Ursprungsgedanken „Ski and have fun" geschadet (vgl. Bene Mayr 2014, Anlage: Persönliches Interview).

Zusammenfassend lässt sich feststellen, dass der Schritt zu Olympia nach Auffassung der meisten Fahrer eine große Chance für Freeskiing darstellt, sofern der Ursprungs-gedanke dabei nicht verloren geht, was immer mehr Sportler befürchten. (Bezug zu 3.2.)

6. Zukunftsprognose

Für eine weitere Entwicklung des Freeskiings müssen die Bereiche des Hochleistungssports und des Breitensports getrennt betrachtet werden.

Zum einen werden die Wettbewerbe auf Grund ihres aufsehenerregenden Charakters in der Zukunft immer beliebter werden und die Sportart der Öffentlichkeit präsentieren. Damit wird der Sport zunehmend interessanter für die Ski-Industrie und Sponsoren, die sich insbesondere auf die großen Wettbewerbe wie zum Beispiel Olympia konzen-trieren werden, da diese den Sportlern die größte Bühne bieten. Wenn jedoch nur noch das „Contest-Freeskiing" gefördert wird, verschwindet der Grundgedanke mehr und mehr. Dadurch könnte es passieren, dass sich das Freeskiing in zwei Gruppen aufteilt: einmal die professionelle, hochleistungs- und erfolgsorientierte Gruppe und anderer-seits die Core-Szene, die den Ursprungsgedanken weiter tragen wird. „[D]as Gute an Freeskiing ist, dass unser Sport nicht nur aus Wettkämpfen besteht, sondern auch ganz andere Facetten wie z.B. das Filmen mit sich bringt." (Bene Mayr 2014, Anlage: Persönliches Interview). Spektakuläre Filmaufnahmen erreichen schon heute ein Publikum, das eher die abenteuerliche Seite des Freeskiings schätzt als die wettkampfbetonte (z.B. Poorboyz Productions). Solange alle diese Arten des Free-skiings Sponsoren finden, werden sie weiter nebeneinander stehen können und nicht verloren gehen.

Zum anderen wird Freeskiing wahrscheinlich besonders bei Jugendlichen an

Popularität gewinnen. Auf diese Entwicklung müssen die großen Skiverbände wie der Deutsche Skiverband e.V. (DSV) reagieren, indem sie zum Beispiel in der Ausbildung von Skilehrern den Stil des Freeskiings als einen festen Bestandteil aufnehmen, wie es beim Snowboarden schon längst der Fall ist. Während es den Skifahrern vor zehn Jahren eher darum ging so schnell zu fahren wie die Weltcup-Abfahrtsläufer, wird es zukünftig immer mehr Skifahrer geben, die das Außergewöhnliche beim Skifahren suchen werden und ihre Vorbilder im Freeskiing finden.

7. Schlussbetrachtung

Freeskiing hat sich innerhalb von etwa 35 Jahren von einer Trendsportart in Amerika zu einer olympischen Disziplin entwickelt. Diese schnelle Entwicklung wurde besonders durch zwei Faktoren begünstigt:

Freeskiing ist in einer Zeit entstanden, in der es einen medialen Umschwung gab, der die Dokumentation und Verbreitung von digitalen Bildern und Filmen über das Internet in kürzester Zeit rund um die Welt ermöglichte. Dadurch breitete sich die Sportart aus und jeder hatte die Möglichkeit, sich auf speziellen Freeski-Internetplattformen über neue Tricks und Trends zu informieren, wodurch sich Freeskiing in Amerika und Europa parallel entwickeln konnte.

Weiterhin übernahm das Freeskiing einige Elemente des Snowboardings, wie die Ausführung von Tricks auf Obstacles und mit Griffen ans Board, die auf Skier übertragen und weiterentwickelt wurden. Die ursprünglich für Boarder gebauten Parks konnten ebenfalls von Freeskiern genutzt werden.

Freeskiing, welches quasi als Rebellion gegen die festen Regeln der Skiverbände ent-stand, entsprach dem Lebensgefühl vieler Jugendlicher. Das lässige und 'coole' Auftre-ten brachte viele junge Sportler dazu, sich mit dem Freeski-Lifestyle zu identifizieren.

Olympia versucht als mediales Großereignis neue, populäre Sportarten ins Programm aufzunehmen. Aus diesem Grund entschied sich das International Olympic Comitee (IOC) ab 1998 zur Zulassung von Snowboarding- und 2014 von Freeski-Disziplinen.

Die mögliche Teilnahme an Olympia warf in der Szene jedoch einige Fragen auf. Viele Freeskier befürchteten, dass man sich mit dem erforderlichen Eintritt in Verbände von dem eigentlichen Ursprungsgedanken „Just ski and have fun" entfernen werde. Dem stand die Chance einer großen Öffentlichkeit für ihren Sport gegenüber.

Ich habe diese Diskussion über die letzten zwei Jahre sowohl im Internet als auch in Szene-Magazinen verfolgt. Mich selbst fasziniert die Vielseitigkeit des Freeskiings, das auch zugleich eine Lebenseinstellung ist. Letztendlich komme ich zu dem Schluss, dass jeder Freeskier für sich entscheiden muss, inwieweit er dem Grundgedanken treu bleibt und diesen Sport gemeinsam mit Gleichgesinnten („Homies") betreibt oder nur den Ruhm und den kommerziellen Erfolg sucht.

8. Literaturverzeichnis

Buchquellen:

1. Beckedahl, Markus (2013): Erste Freeski-Sprünge - Lernen und Lehren. Diplomica GmbH: Hamburg.

2. Beckmann, Prof. Dr. Jürgen u. a. (2007): DSV-Theorielehrbuch. Deutscher Skiverband e.V.: Planegg.

3. Hlaavac, Christian und Baumgartner, Christian (2000): Trend- und Extremsportarten in Österreich. Kammer für Arbeiter und Angestellte für Wien: Wien.

4. Köhle, David (2008): Das Freizeitverhalten der Freeskier – Diplomarbeit. Universität Innsbruck.

5. Kreuzeder, Xandi (2001): Freeski. Bergverlag Rother GmbH: München.

6. Lachner, Roman u. a. (2013): Skiing Magazin. Ausgabe: 67. Factory Media UK: London.

7. Lachner, Roman u. a. (2013): Skiing Magazin. Ausgabe: 69. Factory Media UK: London.

8. Lamprecht, M. & Stamm, H. (2002): Sport zwischen Kultur, Kult und Kommerz. Seismo: Zürich.

9. Polzer, Klaus u. a. (2012): Downdays Freeski Journal – Storybook #7. Distillery Concept & Creation GmbH: Innsbruck.

10. Polzer, Klaus u. a. (2013): Downdays Freeski Journal – Storybook #8. Distillery Concept & Creation GmbH: Innsbruck.

11. Schwier, Prof. Dr. Jürgen (2003): Was ist Trendsport?. In: Breuer / Michels (Hrsg.): Trendsport – Modelle, Orientierungen und Konsequenzen. Meyer & Meyer Verlag: Aachen, S. 18-32.

12. Schwier, Prof. Dr. Jürgen (2011): Dem Trendsport auf der Spur – Annäherungen an jugendliche Bewegungspraktiken. In: Tim Bindel (Hrsg.): Feldforschung und ethnographische Zugänge in der Sportpädagogik. Shaker Verlag: Aachen, S. 120-132.

13. Schwier, Prof. Dr. Jürgen (2011): Trendsport. In: Christian Kröger / Wolf-Dietrich Miethling (Hrsg.): Sporttheorie in der gymnasialen Oberstufe. Hofmann.: Schorndorf, S. 284-294.

14. Zwahr, Dr. Annette u. a. (2001): Meyers grosses Taschenlexikon. Meyer: Leipzig und Mannheim

Zeitungsartikel:

1. Neudecker, Michael (2014): Ihr doch egal. In: Süddeutsche Zeitung Nr. 35 vom 12.02.2014, S. 31.

Internetquellen:

1. Das Olympische Museum (2007): Die olympischen Spiele der Neuzeit. Stand: 16.02.2014. (siehe Anlage IQ Nr. 1).
http://www.olympic.org/Documents/Reports/FR/fr_report_669.pdf

2. Geisler, Tobias (2003): Jugendliche Sportszenen zwischen Kult und Kommerz - Eine Fallstudie zu Freeskiing. Stand: 13.02.2014. (siehe Anlage IQ Nr. 2).
http://kops.ub.uni-konstanz.de/bitstream/handle/urn:nbn:de:bsz:352-opus-10945/Jugendliche_Sportszenen.pdf?sequence=1

3. Schwier, Jürgen (k. A.): Entwicklungstendenzen der Sportkultur – Zur Popularisierung innovativer Bewegungsformen. Stand: 16.02.2014. (siehe Anlage IQ Nr. 3).
http://www.uni-giessen.de/~g51039/vorlesungXIII.htm

4. Dr. Wastl, Peter (k. A.): Trendsport (Präsentation). Stand: 16.02.2014. (siehe Anlage IQ Nr. 4),
http://user.phil-fak.uni-duesseldorf.de/~wastl/Wastl/Pruefung/02-Trend-kurz.PDF

5. k. A. (k. A.): Olympia-Statistiken. Stand: 17.02.2014. (siehe Anlage IQ Nr. 5).
http://www.olympiastatistik.de/

6. Deutscher olympischer Sportbund (2013): Die olympische Charta. Stand: 17.02.2014 (siehe Anlage IQ Nr. 6).
http://www.dosb.de/fileadmin/Bilder_allgemein/Veranstaltungen/Sotschi_2014/Olympische_Charta_2014.pdf

7. Organizing Committee of the XXII Olympic Winter Games and XI Paralympic Winter Games of 2014 in Sotchi (2014): Olympiasieger 2014 in Sotschi beim Freestyle-Skiing. Stand: 23.02.2014. (siehe Anlage IQ Nr. 7).
http://www.sochi2014.com/en/freestyle-skiing-medals

8. Allgäuer Skiverband e.V. (2004): Die Geschichte des Freestyle Sports. Stand: 01.03.2014. (siehe Anlage IQ Nr. 8).
http://www.asv-ski.de/297-dataentry_1.htm

9. Bundesarchiv (2013): Olympische Winterspiele 1936. Stand 01.03.2014. (siehe Anlage IQ Nr. 9).
https://www.bundesarchiv.de/oeffentlichkeitsarbeit/bilder_dokumente/00676/ind

ex.html.de

10. k. A. (k. A.): Geschichte-Ski. Stand: 01.03.2014. (siehe Anlage IQ Nr. 10).
http://ski-fahren.org/geschichte-ski/

11. Bergfex (k. A.): Snowparks Österreich. Stand: 02.03.2014. (siehe Anlage IQ Nr. 11).
http://www.bergfex.at/oesterreich/snow-parks/

12. Association of Freeskiing Professionals (2013): The History of competitive Fresskiing. Stand: 02.03.2014. (siehe Anlage IQ Nr. 12).
http://www.afpworldtour.com/news/the-history-of-competitive-freeskiing/

13. Association of Freeskiing Professionals (2013): History of AFP. Stand: 02.03.2014. (siehe Anlage IQ Nr. 13).
http://www.afpworldtour.com/history/

14. Line Skis (2014): Innovation – Skiing the wrong way since '95. Stand: 03.03.2014. (siehe Anlage IQ Nr. 14).
http://lineskis.com/innovation

15. Haner, Josh (2014): Olympic Pictures of the day. In: New York Times vom 13.02.2014. Stand: 08.02.2014. (siehe Anlage IQ Nr. 15).
http://www.nytimes.com/slideshow/2014/02/13/sports/olympics/20140213-OLYPOD.html?ref=multimedia&_r=0#1

16. Audi (2014): Quattro Werbekampagne 2014. Stand: 09.03.2014. (siehe Anlage IQ Nr. 16).
http://www.youtube.com/watch?v=uL-E-FvziAc

17. Armada Skis (2014): Company. Stand: 09.03.2014. (siehe Anlage IQ Nr. 17).
http://armadaskis.com/company/

18. Freeskier Magazine (2014): Which brand would you buy?. Stand: 09.03.2014. (siehe Anlage Nr. 18).
http://freeskier.com/stories/brands-buy-see-skiers-saying

Anhänge:

Bilder:

1. http://www.flickr.com/photos/1yen/3282578065/

2. http://en.wikipedia.org/wiki/Superpipe

3. Foto: Severin Wegener; Fahrer: Péter Csanaky
http://www.flickr.com/photos/freeskimaffia/7214167390/

4. Foto: Florian Wilkesmann; Rider: Finn Wilkesmann

   Eigenes Foto

Video:

1. Nick Goepper: Left Double Cork 12 Tail. Quelle: Youtube.
2. Audi Quattro mit Roy Kittler: Werbung. Quelle: Youtube.